Chez le même éditeur

Pierre de VAISSIÈRE : *Gentilshommes campagnards de l'Ancienne France.*

Jean MARKALE : *Contes de la mort des pays de France.*

Gisèle BIENNE : *Le silence de la ferme,* roman. Prix de la Société des Gens de Lettres.

Henry HOUSSAYE : *1814.*

Geneviève AIMÉE : *Ma vie n'est qu'un seul jour,* roman.

André BAY : *Trésor des comptines.*

Robert de la CROIX : *Les écrivains de la mer.*

Jehanne JEAN-CHARLES : *Mémoires d'un chat.*

Henry HOUSSAYE : *Waterloo, 1815.*

Jehan de BRIE : *Le bon berger.*

Colette GUILLEMARD : *La vie des enfants dans la France d'autrefois.*

Patrick RAVIGNANT : *Histoire des sorcières.*

Max CHAMSON : *Le roman de la montagne.*

Gilbert PROUTEAU : *La vie passionnée de Georges Clemenceau.*

Sabine VALICI-BOSIO : *La mère et l'enfant dans l'Ancienne France.*

RADIESTHÉSIE

Michel Moine

RADIESTHÉSIE

De l'usage du pendule
et
de la baguette

« Terroirs de France »

CHRISTIAN DE BARTILLAT, ÉDITEUR

Avant-propos

Ce petit ouvrage n'a pas la prétention de remplacer les études techniques traitant de la radiesthésie. Son but est d'offrir au profane la possibilité de réaliser un certain nombre de recherches, sans approfondir toutes les théories et les méthodes radiesthésiques. (Le lecteur désireux d'étendre ses connaissances dans ce domaine lira avec profit notre *Guide de la Radiesthésie*[1]. A une époque où l'on n'a pas toujours le temps de s'adonner à la lecture et à la réflexion, ce véritable livre d'images apporte, par sa conception même, la possibilité de comprendre les éléments essentiels de la radiesthésie que nous présentons en une série de photographies, avec des commentaires aussi courts que possible. L'image parle mieux et plus vite que le

1. Michel Moine, *Guide de la Radiesthésie,* Stock.

texte, cependant la réussite de chaque expérience est liée à un mécanisme mental précis, toujours le même, que l'opérateur doit adapter à ses différentes prospections ; c'est pour cette raison que nous demanderons à nos lecteurs une attention particulière pour certains de nos commentaires, spécialement en ce qui concerne l'éducation subconsciente de la mémoire.

Les photographies que nous reproduisons n'enseignent pas la totalité des recherches qui peuvent être faites, elles en indiquent un certain nombre, suffisant pour guider le néophyte et lui permettre de comprendre la manière de réaliser les recherches les plus diverses. L'apprenti radiesthésiste est comparable à l'apprenti chauffeur : lorsqu'il connaîtra ses instruments et la façon de les utiliser, il aura découvert le secret de toutes les recherches radiesthésiques.

Nous assistons à un véritable débordement de théories et d'hypothèses explicatives sur le phénomène radiesthésique, dont le seul effet consiste à décourager les néophytes et à provoquer des querelles sans fin dont l'inutilité n'a d'égale que l'absurdité. Tout ceci n'a rien à voir avec la réalité du phénomène radiesthésique qui se prouve par les résultats obtenus. Il n'y a aucune nécessité à vouloir imposer une théorie explicative quelconque en radiesthésie, d'autant plus que personne, actuellement, ne peut prétendre avoir découvert une explication scientifique ou rationnelle. La valeur du radiesthésiste se juge par les résultats ; ce fait existe dans beaucoup d'autres domaines et la prétention de certains radiesthésistes à vouloir tout expliquer ne changera rien à l'affaire. Un ou plusieurs succès en radiesthésie ne justifieront jamais les théories plus ou moins bizarres concernant l'origine du phénomène radiesthésique. Il est, à notre sens, plus logique et plus honnête d'expliquer – autant que faire se peut – la façon d'opérer... sans affirmer qu'il faut être spiritualiste, matérialiste, physicien, psychologue ou autre pour devenir un parfait radiesthésiste. La plupart du temps, les théoriciens de la radiesthésie et les partisans des méthodes complexes poursuivent, avant tout, des buts strictement commerciaux. Ceux qui nous ont reproché notre simplicité et notre tolérance ne sont bien souvent que des mercantis. Nous pouvons affirmer, une fois de plus, qu'aucun radiesthésiste ne peut prétendre que sa méthode est infaillible et que ses théories sont les plus justes. Ceux qui utilisent de tels arguments sont des illuminés ou des escrocs ; ils doivent être considérés comme des individus dangereux, car ils ne peuvent apporter aux néophytes que des déceptions et un scepticisme encore plus grand aux détracteurs.

La meilleure et la seule façon de comprendre la radiesthésie tient dans la pratique. Vos propres expériences sont mille fois plus valables que les élucubrations intéressées de certains radiesthésistes.

Lisez donc avec attention les pages de ce petit livre : passez à l'action, pendule ou baguette en mains. Vos erreurs et vos succès feront de vous un véritable radiesthésiste et vous n'aurez nul besoin d'adhérer aux conceptions de M. X... ou Y... pour réussir.

M. M.

De Moïse au radar

La radiesthésie est l'appellation moderne d'un art vieux comme le monde : *La sourcellerie*. Il y a bien des lustres, en effet, que l'action des sourciers est connue, et la légende veut que le plus célèbre d'entre eux fut Moïse qui, d'un coup de baguette, fit jaillir l'eau du rocher d'Horeb. Depuis cette époque, Moïse a eu de nombreux disciples, et certains historiens assurent que les armées romaines possédaient des « porteurs de baguettes » dont le rôle était de découvrir l'eau indispensable à l'alimentation ; ceux-ci ne s'arrêtèrent d'ailleurs pas à ce genre de recherches, mais ils découvrirent également de nombreuses sources minérales et thermales, dont les vertus thérapeutiques sont encore, aujourd'hui, universellement appréciées.

Le moyen âge confondit bien sourciers et sorciers, mais déjà, en 1634, les chroniques de l'époque révèlent les exploits du baron de Beausoleil qui, grâce à la baguette, découvrit plus de cent cinquante mines en France et fut nommé, pour ses prospections, inspecteur général des Mines.

C'est un prêtre, l'abbé de Vallemont, qui publia, en 1693, un ouvrage intitulé *La Physique occulte,* dans lequel il essaie de donner une explication plausible des phénomènes observés dans la recherche des eaux et des métaux. Pour lui, ces corps sont « radiants » ; ils émettent des ondes qui traversent le sol et impressionnent l'opérateur au point que ses réactions sont transmises à la baguette et amplifiées par elle. Mais ce n'est qu'au siècle dernier que les savants osèrent s'intéresser aux découvertes des sourciers.

Le physicien Chevreul pense que les réactions de la baguette et du pendule sont provoquées par les mouvements inconscients de l'opérateur et, par conséquent, ne s'intéresse plus à la question. Non satisfaits de ces explications, quelques chercheurs, dont de Briche en 1833, s'efforcent de pénétrer la cause, ou les causes, des mouvements giratoires ou oscillatoires de la baguette et du pendule. Mais leurs travaux ne répondent pas à leurs efforts, et la question n'a pas de réponse.

Ce n'est qu'en 1913 que M. Mager a l'idée de réunir en congrès, à Paris, les sourciers les plus renommés. Parmi eux figurent MM. Mager, Pelaprat, le frère Benoît-Padey, les abbés Mermet, Racineux, etc. Des expériences systématiques de recherches d'eaux, de souterrains, d'objets cachés sont couronnés de succès. On se contente seulement des faits, sans en rechercher l'explication.

C'est après la Grande Guerre que l'abbé Bouly donne à l'art des sourciers le nom de « radiesthésie », ce qui nous laisse supposer que, dans son esprit, à cette époque, il considère les mouvements de la baguette et du pendule comme étant l'amplification des radiations émises par les corps prospectés, décelés par la sensibilité de l'opérateur.

Les hypothèses explicatives

Si nous analysons le mot « radiesthésie », nous le trouvons étymologiquement formé de la racine latine *radius* qui signifie rayonnement et de la racine grecque *esthésie* qui signifie sensibilité. Ce mot a fait fortune et englobe, de nos jours, toutes les recherches que l'on peut entreprendre à l'aide du pendule et de la baguette.

Personnellement, nous pensons que le mot « radiesthésie », eu égard à son étymologie, est peut-être osé, car la science et les expériences contrôlées ne permettent pas d'affirmer, dans tous les cas, que l'opérateur perçoit des ondes ou des « radiations », ni même qu'elles existent. Des hypothèses nombreuses ont été émises sur l'origine des phénomènes radiesthésiques. D'aucuns pensent que l'opérateur est un récepteur d'ondes. Celles-ci étant émises par le corps prospecté, elles seraient rendues perceptibles par le pendule ou la baguette. Pour d'autres, l'opérateur est à la fois émetteur et récepteur ; il serait une sorte de radar émettant des « émanations » vers le corps prospecté ; émanations qui, réfractées par ce corps, reviendraient impressionner l'opérateur et agir sur son pendule ou sa baguette. Pour d'autres encore, la radiesthésie est une perception extrasensorielle, c'est-à-dire un moyen de connaissance paranormal, par l'utilisation de l'intuition pure.

Baguette et pendule

Les deux instruments du radiesthésiste sont, ou la baguette ou le pendule[1]. Ceux-ci n'ont aucune vertu particulière, et ce ne sont que des amplificateurs des mouvements inconscients du sourcier, même si l'origine du phénomène radiesthésique est due aux radiations, ce qui n'est pas encore démontré.

Après ce bref historique sur l'évolution de la radiesthésie, vous avez appris à connaître les deux instruments du radiesthésiste, baguette et pendule, mais avant de les décrire et de donner une méthode rationnelle pour les utiliser sur le plan pratique, il nous paraît utile de parler des possibilités de la radiesthésie. En fait, elle est l'art d'utiliser le pendule ou la baguette pour découvrir l'emplacement d'une source, établir un diagnostic médical, rechercher un objet perdu, etc. Ses applications dans la vie courante sont multiples, et il est tout aussi facile de se servir du pen-

1. *La baguette :* deux branches flexibles reliées à une extrémité. *Le pendule :* une masse pesante suspendue à un fil.

dule pour détecter la panne de votre voiture, que pour repérer un terrain riche en minerai... à condition de respecter une certaine discipline mentale au cours des expériences ; c'est ce que nous nous efforcerons de vous apprendre dans cet ouvrage. Toutefois, avant de vous familiariser avec vos futurs instruments (baguette et pendule), il faut bien comprendre que le radiesthésiste ne peut percevoir que ce qui est caché à ses sens habituels, mais dont l'existence est réelle, sur le plan physique, matériel ou psychologique.

Radiesthésiste sans le savoir

Bien que le fait radiesthésique puisse paraître bizarre à tout esprit rationaliste, quelques simples constatations sur la vie secrète et la façon d'agir des insectes et des animaux prouvent aux plus sceptiques qu'il existe, dans la nature, des phénomènes plus ou moins inexplicables, qui peuvent se comparer aux exploits des radiesthésistes. Ainsi, certains faits curieux, observés par le colonel Spears, chef du colombier de l'Armée américaine, tendent à prouver que le pigeon voyageur serait doué, comme certains radiesthésistes, d'une sorte de sixième sens. En 1951, un lâcher de pigeons fut organisé dans le New Jersey au-dessus d'une région dans laquelle les pigeons semblaient perdre le sens de l'orientation. Ceux du colonel ne furent pas plus heureux que les autres, et la plupart ne purent rejoindre leur colombier. Quelque temps après cette expérience, des télégraphistes de l'armée signalèrent que, dans la même région, il leur était très difficile de recevoir et d'émettre des messages par radio. Il faut en conclure que les pigeons voyageurs furent désorientés par l'existence de champs magnétiques. Si l'on a remarqué qu'au cœur du désert, les chameaux et les oiseaux ont l'instinct de l'eau à de très grandes distances, certains sourciers noirs ont aussi cette faculté (une simple contraction musculaire au-dessus des points d'eau les avertit de leur présence). L'instinct de ces sourciers est comparable au récit fait par M. de Kerilis lorsqu'il découvrit, en traversant le Tanezrouft, un oiseau mort de soif après avoir griffé, en vain, un bidon d'eau abandonné par des touristes. Aux Indes, des chèvres auxquelles on a fait boire de l'eau salée « détectent » l'emplacement des courants d'eau souterrains en grattant le sol.

Les sources se trouvent toujours à l'endroit où elles ont creusé après avoir été privées d'eau pendant plusieurs jours. Le célèbre entomologiste Fabre a souvent parlé, dans ses ouvrages, de l'instinct extraordinaire des insectes. Qui d'entre nous n'a entendu évoquer l'histoire d'un chien ou d'un chat parcourant plusieurs centaines de kilomètres pour retrouver le logis de son maître ?

Phénomène de l'instinct, éducation des facultés subconscientes, telles sont les conclusions encore imprécises de tous ces faits.

Plus près de nous, certains radiesthésistes ont prouvé, par l'expérience, la réalité de leurs facultés, et nous rappellerons, pour mémoire, que les potasses d'Alsace ont été découvertes en 1904, par le sourcier Grisez, qui reçut à l'époque, pour cette prospection, la coquette somme de trois millions de francs. En 1914, trois sourciers, dont le célèbre abbé Mermet, recherchèrent, à la baguette et au pendule, les cavités inconnues des grottes de Lacave, dans le Lot. Ces recherches qui portaient sur neuf points différents, furent reconnues parfaitement exactes, lors des travaux entrepris en 1921. Le prestigieux radiesthésiste Treyve qui accomplit d'étonnantes expériences en compagnie du savant Alexis Carrel, pouvait montrer aux sceptiques que, pendant la sécheresse de 1934, il avait découvert avec exactitude l'emplacement, la profondeur et le débit de huit cent quarante puits, une seule erreur ayant été commise.

Nous pourrions citer encore d'autres faits aussi probants, mais là n'est pas notre but. Si nous vous avons montré les heureux résultats de la radiesthésie, il faut aussi en connaître les dangers et les erreurs. Ce n'est qu'en pratiquant rationnellement cet art millénaire que vous en comprendrez tous les secrets.

Les miracles de la mémoire
et
du subconscient

La plupart des praticiens radiesthésistes ont vulgarisé des méthodes qui leur étaient personnelles, en essayant de les comparer à des théories plus ou moins scientifiques, selon leurs goûts ou leurs conceptions intellectuelles. Bien peu se sont efforcés de tirer un enseignement précis du phénomène radiesthésiste, afin de le mettre à la portée du plus grand nombre. Jusqu'ici, la principale difficulté, pour le profane, réside dans la multiplicité des méthodes et des théories.

De nombreuses méthodes existent en radiesthésie. Notre but n'est pas de les décrire ici, ni de justifier certaines de nos théories. Nous voulons donner des conseils essentiellement pratiques qui nous ont permis de réaliser des expériences probantes.

Nous demandons donc à nos lecteurs de se plier à la discipline d'entraînement que nous préconisons, sans s'attarder à discuter les principes de cet entraînement.

Le phénomène de perception radiesthésique semble être provoqué par le déclenchement de certains automatismes acquis par un travail mental déterminé : orientation de l'esprit vers l'objet de la recherche et sélection par convention mentale, pour l'interprétation des réactions-réflexes transmises à la baguette ou au pendule sous forme de mouvements inconscients [1]. Tout notre entraînement sera donc basé sur l'acquisition de réactions-réflexes. Premier élément servant de base à nos exercices d'entraînement : *la mémoire*.

La mémoire est, en effet, cet extraordinaire réservoir qui nous permet d'emmagasiner des images mentales, des idées, des pensées, des souvenirs, des sensations. Ces faits d'expériences passées sont enregistrés, conservés et classés dans le subconscient. La stimulation du subconscient par des procédés mentaux déterminés a pour effet normal la reproduction des perceptions enregistrées : c'est la réalisation du phénomène radiesthésique qui, par un effort conscient (orientation et convention mentale)

1. Cette méthode a été vulgarisée par M. E. Christophe dans ses deux ouvrages : *Tu seras sourcier* et *Apologie du Sourcier*.

apporte à l'opérateur, non pas la conscience réelle des sensations ou perceptions déjà enregistrées dans le subconscient, mais la confirmation qu'une sensation, qu'une réalité semblable existe chez un autre individu ou en un point précis, caché aux facultés normales. Le côté étrange de ce phénomène réside dans le fait que le subconscient, en utilisant les matériaux (souvenirs, sensations, points de comparaison) qu'il possède, agirait parfois comme une entité intelligente, capable de résoudre une question posée par les facultés conscientes.

La valeur de votre personnalité subconsciente est liée aux données de l'observation extérieure, à cet enregistrement permanent de faits, de sensations par les cinq sens. Il existe un enregistrement inconscient ; nous préconisons, avant toute expérimentation, un entraînement mental déterminé, adapté aux faits que nous venons de décrire et à l'objet de la recherche envisagée : radiesthésie agricole, médicale, etc., selon le cas.

Il s'agit d'emmagasiner dans votre subconscient des matériaux qui se classeront automatiquement, pour vous servir lors de l'acte radiesthésique. Ces matériaux seront des données sur l'objet de vos recherches.

Il ne s'agit pas d'avoir une connaissance semblable à celle d'un technicien dans un domaine déterminé, mais il vous sera nécessaire d'avoir parcouru un cycle sommaire d'informations relatives aux recherches envisagées. De même que l'on ne peut envisager une bonne maison de commerce sans un stock important et varié de marchandises, de même on ne peut concevoir un bon radiesthésiste, sans qu'il soit possesseur – même inconsciemment – d'un très grand nombre de clichés mentaux (de souvenirs) relatifs à la recherche qu'il veut entreprendre.

Il faut donc emmagasiner dans votre mémoire un certain nombre de connaissances. Ensuite, *au moment de l'acte radiesthésique, l'interprétation s'opérera automatiquement comme un réflexe (par l'intermédiaire du pendule ou de la baguette),* comme s'il se produisait une sorte de phénomène de résonance entre l'objet de la recherche et votre propre sensibilité.

En résumé : Le processus du phénomène radiesthésique exige que la mémoire enregistre un certain nombre de connaissances en accord avec les recherches envisagées. Par exemple, un radiesthésiste qui aurait l'intention de se consacrer aux prospections des sources, doit absolument posséder un minimum de connaissances géologiques afin que sa sensibilité soit éduquée pour ce genre de recherches.

Les accessoires
et
l'éducation pratique
du radiesthésiste

Les accessoires du radiesthésiste

Les accessoires du radiesthésiste sont le pendule ou la baguette (instruments servants à amplifier et à rendre perceptibles les réactions-réflexes du radiesthésiste qui se produisent au moment de chaque recherche, par les mouvements inconscients des mains). Le pendule ou la baguette n'ont donc aucune vertu particulière, car c'est le radiesthésiste seul qui les met en action.

Éducation pratique du radiesthésiste

Si vous suivez nos conseils, vous comprendrez que, pour chaque recherche, votre subconscient doit être éduqué en fonction de la recherche à effectuer. Il est donc très important, avant toute prospection, d'acquérir un minimum de connaissances relatives à l'objet de la recherche envisagée. C'est ce que nous appellerons l'éducation de la mémoire subconsciente.

Avant de passer à la pratique, vous devez avoir une vue aussi nette que possible du mécanisme radiesthésique en général (pour les détails de ce mécanisme, consultez par la suite les légendes des photos). Voici, en résumé, les différentes étapes à parcourir pour assimiler le processus radiesthésique :

- Acquisition de faits relatifs aux recherches envisagées. Ces faits seront enregistrés dans le subconscient.
- Orientation de la pensée vers la recherche et convention mentale pour l'interprétation des réactions-réflexes présumées.

- Formation d'un état second provoquant un certain phénomène de résonance entre le subconscient (« accumulateur » de faits) et l'objet de la recherche.
- Ce phénomène de résonance devient conscient lorsque le radiesthésiste interprète les réactions-réflexes qu'il obtient (mouvements de la baguette ou du pendule).
- L'expérience est réussie lorsque les réactions-réflexes du radiesthésiste coïncident avec l'objet de la recherche (détection exacte d'un organe malade par exemple, dans le cas de la radiesthésie médicale).
- L'expérience échoue lorsque les réactions-réflexes du radiesthésiste ne coïncident pas avec la présence réelle de l'objet de la recherche ou tout autre rapport demandé (profondeur d'une source, etc.).

Les causes d'erreurs

Il est possible que vous éprouviez quelques difficultés à réussir les premiers exercices d'entraînement que nous préconisons. Voici quelques indications qui vous éviteront peut-être des erreurs :

- Les expériences de radiesthésie ne doivent être entreprises que si l'état physiologique de l'opérateur est normal. Il est évident qu'un malaise physique quelconque, un choc moral, peuvent troubler ou annihiler toute sensibilité. Éviter, autant que possible, d'opérer au moment de la digestion.

- Le débutant est souvent contracté par une autosuggestion inconsciente qui fausse ses réactions et paralyse les mouvements de son pendule ou de sa baguette. Il est indispensable de garder une certaine neutralité mentale.

- Pour obtenir le premier mouvement oscillatoire, lancer le pendule doucement, son oscillation se fera ensuite plus rapide et plus nette.

- L'intensité du réflexe varie avec chaque opérateur et, les mouvements du pendule étant liés à l'individu, on obtiendra de meilleures oscillations ou girations, selon la longueur du fil. Pour régler le fil de suspension du pendule : saisir le fil entre le pouce et l'index, à trois ou quatre centimètres du pendule. Essayer d'obtenir le mouvement escompté. Dès qu'il est amorcé, laisser glisser doucement le fil entre les doigts. S'arrêter lorsque le mouvement optimum est obtenu.

- La réussite de chaque expérience est toujours liée à la précision de l'orientation et de la convention mentales de l'opérateur.

- Si le pendule ou la baguette réagit sans que l'on soit capable d'interpréter ses mouvements, c'est que l'orientation et la convention mentales sont insuffisantes.

- Ne tenter aucune expérience si le milieu dans lequel on opère n'inspire pas une pleine confiance. Les railleries, voire l'hostilité non manifestée de certaines personnes, peuvent induire en erreur.

- Demander toujours aux personnes qui assistent aux expériences de respecter un certain silence mental. Elles doivent éviter de penser à l'objet de votre recherche, leur attitude doit être celle de l'observateur neutre.

- Un opérateur habitué à la prospection radiesthésique peut se dispenser d'observer certaines précautions que nous venons de décrire, encore que celles-ci soient souvent utiles, sinon nécessaires.

Le pendule

Fig. 1. Symphonie pendulaire...

Les modèles de pendules

Différents modèles de pendule sont utilisés par les radiesthésistes pour toutes sortes de recherches. Grands, petits, sphériques, pointus... il en existe plus de quatre mille modèles. Certains se dévissent et peuvent contenir un objet de même nature que

celui qui est recherché. Aucune règle précise pour le choix d'un pendule, c'est une question de convenance personnelle.

Le pendule ? C'est une masse pesante quelconque suspendue à un fil. Vous pouvez confectionner vous-même un pendule en suspendant une petite boule de bois ou une masse de métal à un fil souple de cinq à vingt-cinq centimètres de long.

Comment tenir le pendule

Mieux qu'une longue théorie, ces photos montrent la bonne et la mauvaise manière pour tenir le pendule.

Ne pas contracter les doigts. Laisse la main à l'horizontale.

Fig. 2. La bonne...

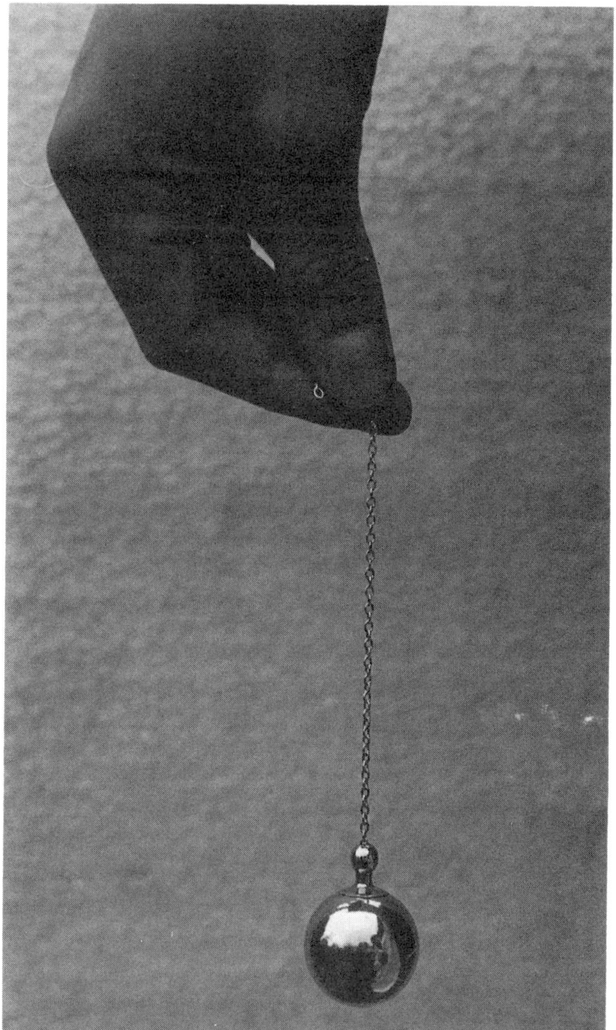

Fig. 3. ... et la mauvaise manière.

Les mouvements du pendule

Ces trois dessins représentent les mouvements obtenus avec le pendule. Le trait indique l'oscillation, la première circonférence correspond aux girations à droite, la seconde aux girations à gauche.

Reproduire ce trait et ces circonférences à une plus grande échelle, sur une feuille de papier blanc. Ils seront utiles pour votre entraînement.

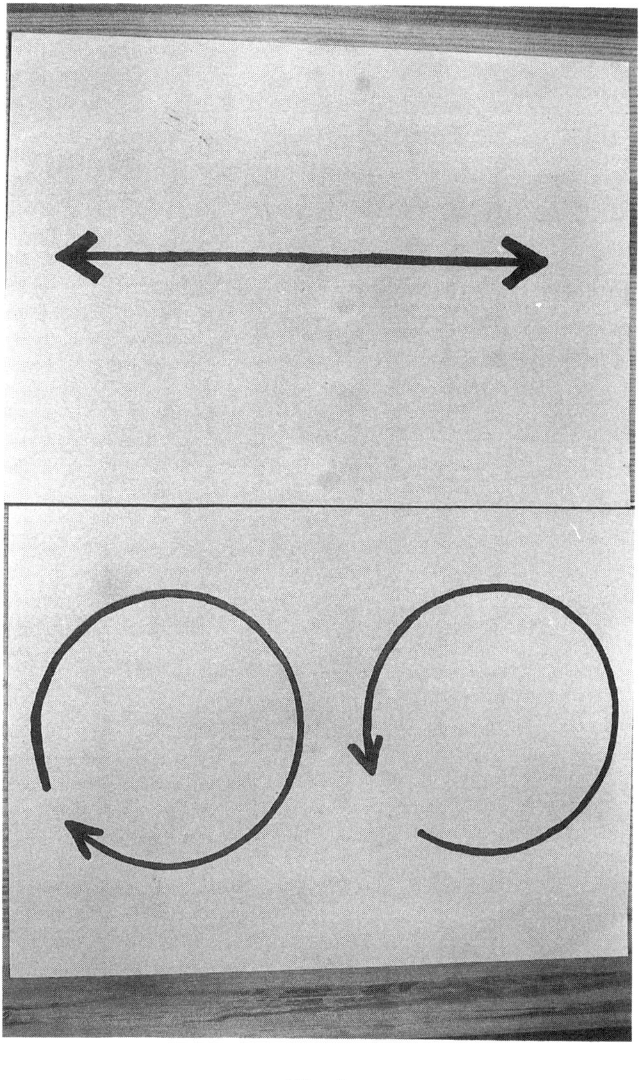

Fig. 4.

L'entraînement avec le pendule

Poser les dessins sur une table. Prendre le fil du pendule entre le pouce et l'index, sans raidir le bras. Concentrer la pensée sur le trait vertical (orientation mentale). Établir mentalement la convention suivante : « Je désire que mon pendule oscille lorsqu'il est sur le trait vertical. » Le pendule commencera à osciller. Attention ! ne pas raidir la main, ce qui pourrait gêner les réactions-réflexes. Lorsque le pendule

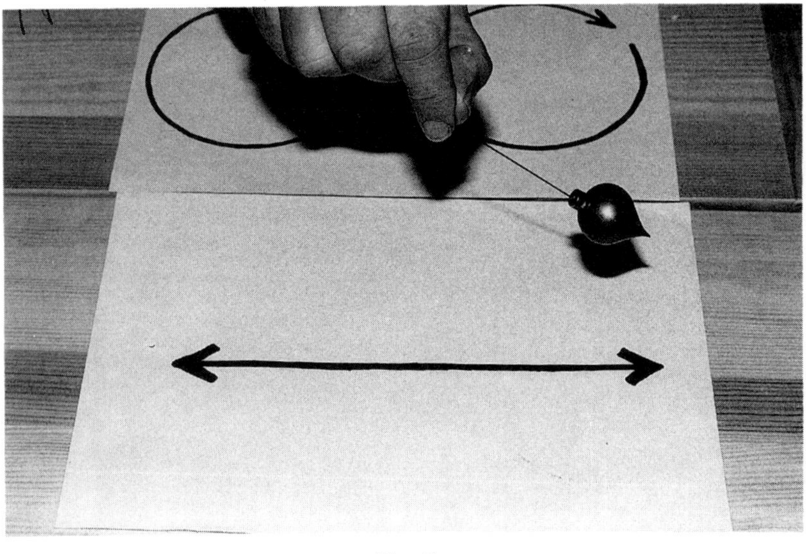

Fig. 5.

oscille franchement, déplacer en dehors du trait, il doit alors s'arrêter.

Le pendule doit obéir à l'orientation et à la convention mentales choisies. S'il n'obéit pas, c'est que le mécanisme mental n'a pas été compris. Faire la même expérience avec les circonférences orientées à droite et à gauche. Des girations à droite et à gauche seront obtenues lorsque le pendule sera au-dessus de l'une ou l'autre circonférence.

Selon votre désir (convention mentale), vous pourrez utiliser pour toutes vos recherches ces divers mouvements.

Fig. 6.

Les témoins radiesthésiques

Exercices avec « témoins »

Les « témoins », en langage radiesthésique, sont des objets de même nature que ceux que l'on recherche. Dans un sens plus large, ils servent également à mieux fixer l'esprit du radiesthésiste. C'est un mode pratique de représentation, une sorte de symbole.

Faire les premiers exercices d'entraînement avec le pendule et quelques accessoires très simples : un verre rempli d'eau, un petit tube en verre (4 cm de long et 0,5 cm de diamètre, par exemple) qui vous servira de « témoin » et un compte-gouttes. A l'aide du compte-gouttes, remplir d'eau le tube-témoin *(Fig. 7 et 8)*. Prendre le pendule en main, ainsi que le tube-témoin

Fig. 7. Confection du témoin.

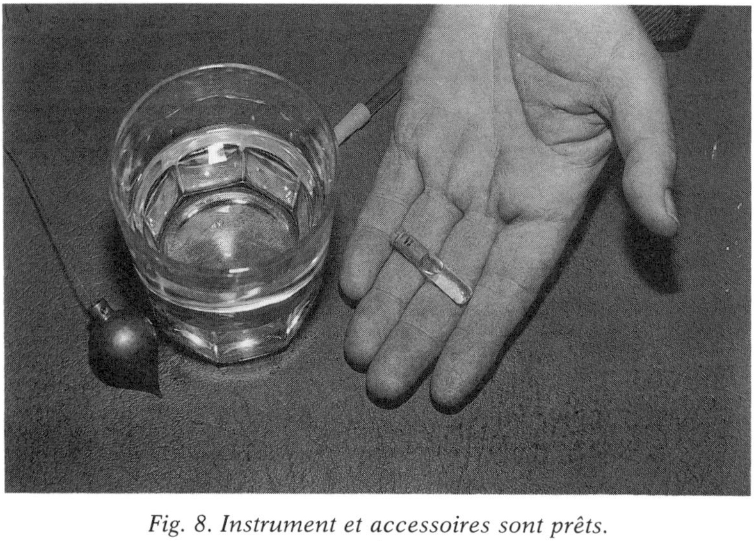

Fig. 8. Instrument et accessoires sont prêts.

Fig. 9. Témoin et pendule en main.

(Fig. 9). Placer le pendule au-dessus du verre d'eau. Utiliser l'orientation et la convention mentales : penser fortement à l'eau à l'exception de toute autre chose, établir la convention mentale suivante : « Je

désire que mon pendule tourne au-dessus du verre d'eau. » Après quelques secondes d'attente le pendule doit tourner *(Fig. 10)*.

Placer ensuite le pendule à quelques centimètres du verre d'eau en respectant toujours l'orientation et la convention mentales choisie. Le pendule doit s'arrêter et demeurer immobile *(Fig. 11)*. Répéter

Fig. 10. Le pendule tourne au-dessus du verre d'eau.

souvent cet exercice jusqu'à sa parfaite maîtrise ; c'est, en effet, ce processus mental qu'il faudra utiliser pour toutes les recherches. (Tenir compte du fait que le verre d'eau représente l'objet de la recherche.)

Fig. 11. Le pendule reste immobile.

Certains pendules peuvent être utilisés sans témoin ; il suffit de placer à l'intérieur quelques gouttes d'eau ou tout autre objet-témoin, selon les recherches envisagées *(Fig. 12 à 14)*.

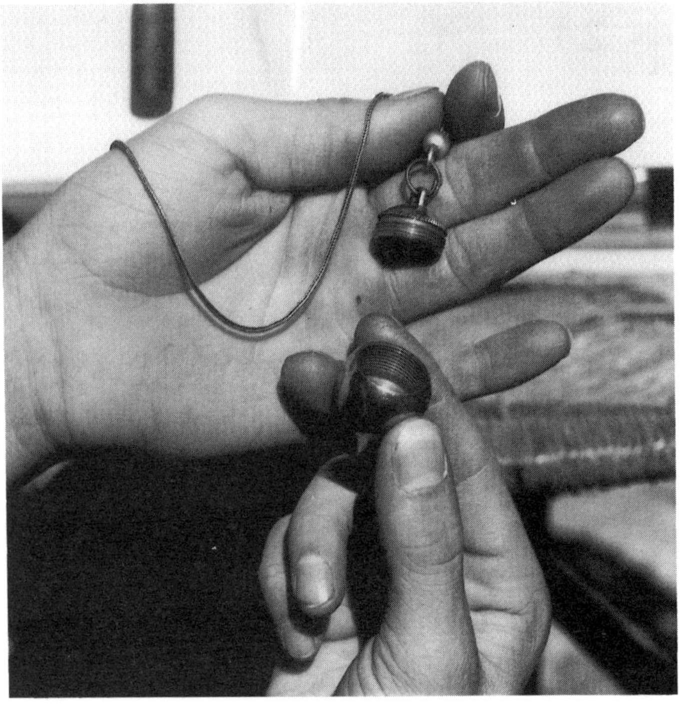

Fig. 12.

Fig. 13.

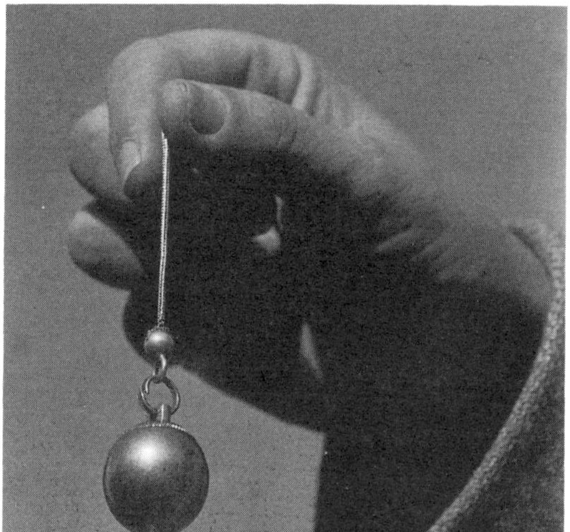

Fig. 14.

Les secrets
de
la baguette

Présentation de la baguette

Après avoir fait connaissance avec le pendule et en avoir étudié les mouvements, étudions maintenant le second instrument du radiesthésiste : la baguette. Elle est la sœur aînée du pendule et les sourciers l'utilisaient jadis pour leurs recherches. A cette époque, la baguette n'était autre qu'un rameau de bois en forme de fourche (deux branches reliées par un nœud) coupé sur un arbre et dépouillé de ses feuilles *(Fig. 15)*. La seule qualité nécessaire était l'élasticité. Le progrès aidant, les radiesthésistes utilisèrent des fourches en baleine ou en métal dont l'élasticité et la souplesse demeuraient permanentes.

Aujourd'hui, la baguette est constituée de deux branches en matière flexible (bois, fanon de baleine, métal) de 30 cm environ, reliées à une extrémité *(Fig. 16)*.

On peut confectionner une baguette en

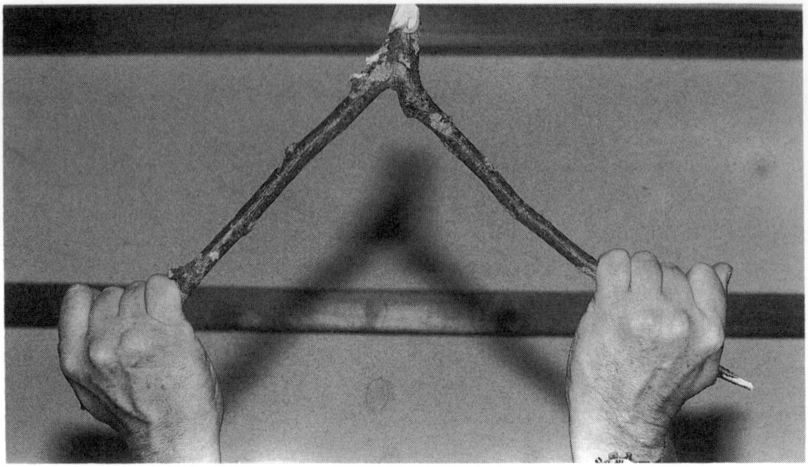

Fig. 15.

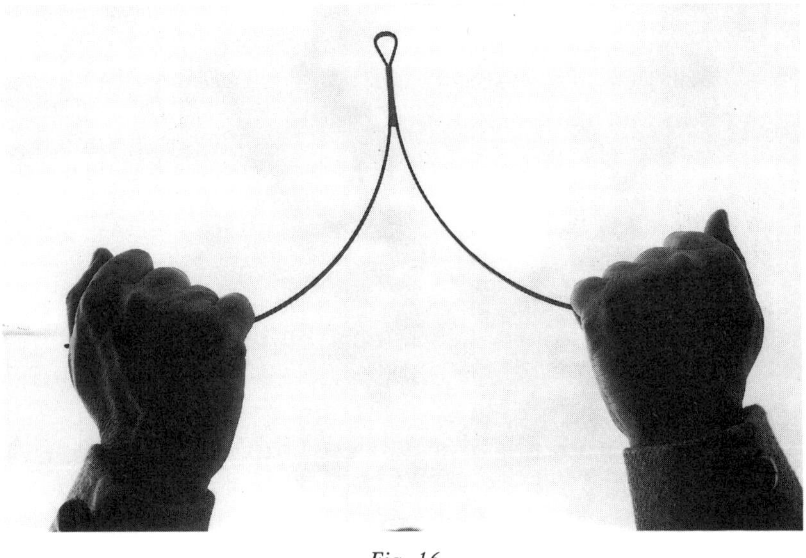

Fig. 16.

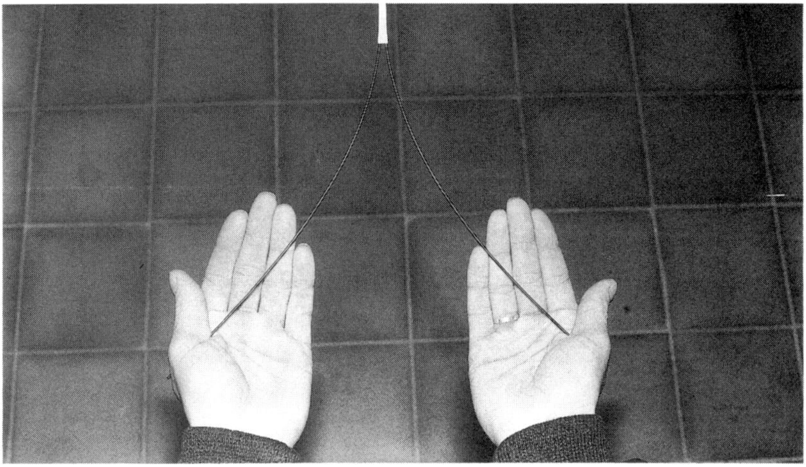

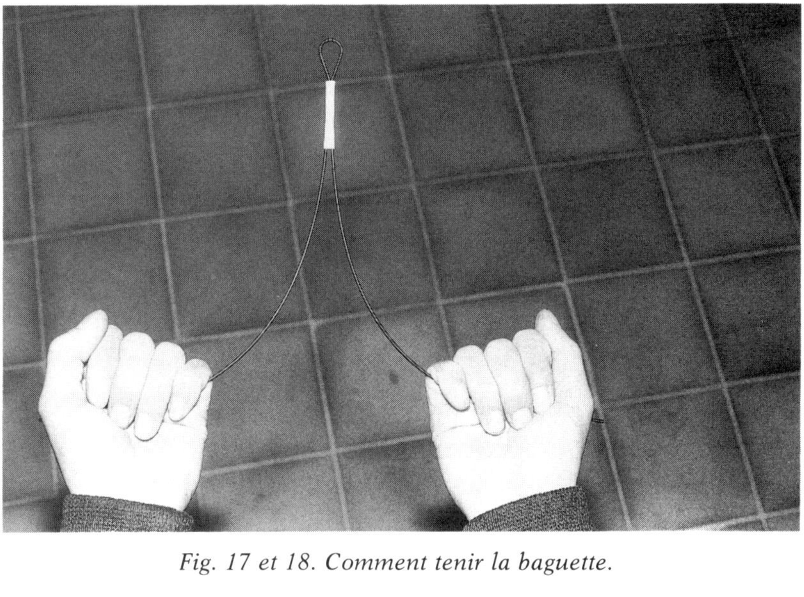

Fig. 17 et 18. Comment tenir la baguette.

ligaturant à l'un des bouts les deux branches qui la constituent, ainsi que s'en procurer d'excellentes dans les maisons spécialisées.

La tenue de la baguette

La baguette est tenue les mains en suprination. Les paumes tournées vers le ciel : c'est une sorte de ressort que les réactions-réflexes du radiesthésiste font tourner. Pour la tenue définitive les mains doivent être refermées *(Fig. 17 et 18)*.

Les mouvements de la baguette

La baguette doit être maintenue en équilibre immobile, la pointe légèrement relevée à la hauteur du plexus solaire. Les mains sont maintenues horizontales, les coudes au corps. La baguette tourne lorsque les réactions-réflexes des mains produisent une légère torsion sur chaque branche à l'intérieur et à l'extérieur.

Afin de bien « sentir » le mouvement, demander à un tiers d'agir sur la pointe de la baguette en appuyant verticalement sur son sommet de haut en bas et ensuite de bas en haut. Remarquer alors que la baguette a deux mouvements : l'un ascendant, l'autre descendant. Ces deux mouvements ne sont pas différents.

Un radiesthésiste expérimenté peut obtenir à volonté l'un ou l'autre mouvement, mais c'est là une opération plus difficile qui nécessite un certain entraînement.

Comment se servir de la baguette

Ce qui doit être recherché avant tout, c'est la « saute » de la baguette dans un sens ou dans l'autre. Le point important est de savoir différencier les mouvements obtenus volontairement par une action des mains, de ceux obtenus par des réactions-réflexes inconscientes. Lorsque vous aurez senti cette différence, vous serez capable de vous servir utilement de la baguette. Le mouvement de la baguette suppose les mêmes opérations mentales que la recherche avec le pendule (convention et orientation mentales). Ce mouvement nécessite un certain tour de main qui ne peut être obtenu que par un entraînement persévérant.

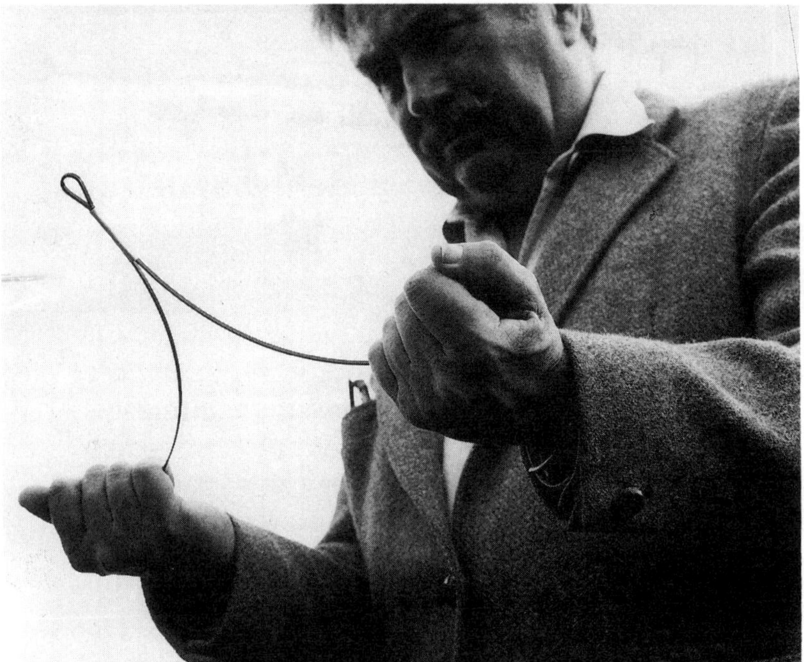

Fig. 19.

L'entraînement

Le premier essai consistera à reconnaître la saute de la baguette sur un objet quelconque *(Fig. 19)*. Prendre, par exemple, un morceau de fer. Le poser à terre, maintenir la baguette au-dessus en utilisant, bien entendu, l'orientation et la convention mentales. Concentrer la pensée sur le morceau de fer (orientation mentale). Établir mentalement la convention suivante : « Je désire que ma baguette tourne au-dessus du morceau de fer. » On doit obtenir un mouvement de la baguette.

La baguette peut remplacer le pendule dans tous les cas, mais son utilisation est plus délicate que le pendule et moins précise. Aussi, nous conseillons de l'utiliser spécialement pour les recherches en plein air ou pour une localisation sommaire : endroit approximatif où est caché un objet sur une personne, partie du corps atteinte par une maladie, l'aplomb d'un courant souterrain, etc.

Quelques recherches radiesthésiques

La radiesthésie médicale

Si vous avez pris connaissance des pages précédentes, vous savez maintenant que pour entreprendre une recherche radiesthésique, il est absolument nécessaire de posséder certaines connaissances sur le sujet de cette recherche. En matière de radiesthésie médicale, vous devez donc connaître les principaux éléments de l'anatomie, la physiologie et la pathologie [1].

Vous avez appris à vous servir du pendule et de la baguette, vous allez maintenant aborder le diagnostic médical. Voici comment procéder.

Être calme et détendu. Si le malade est présent, lui demander de garder le silence sur sa maladie (verbalement et mentalement).

1. Les lecteurs désireux de pratiquer d'une façon plus approfondie la radiesthésie médicale liront notre ouvrage : *Guide de la Radiesthésie,* Stock.

Première expérience : Un diagnostic sommaire. Prendre la baguette et se placer face au malade qui se trouve debout. Orienter la pensée vers le malade. Déplacer lentement la baguette à quelques centimètres de son corps dont chaque partie va être « explorée » (tête, poitrine, abdomen, etc.). Prendre la convention mentale suivante : « Si la tête de M. X.... (la poitrine, l'abdomen, etc.) est malade, ma baguette tournera. » Cette simple expérience a pour but de localiser, d'une façon sommaire, le diagnostic. Si, par exemple, une saute de

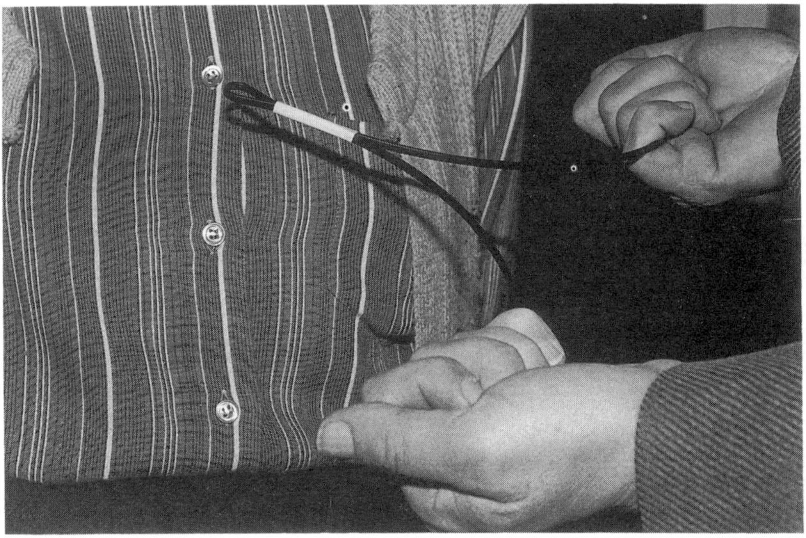

Fig. 20. Diagnostic à la baguette.

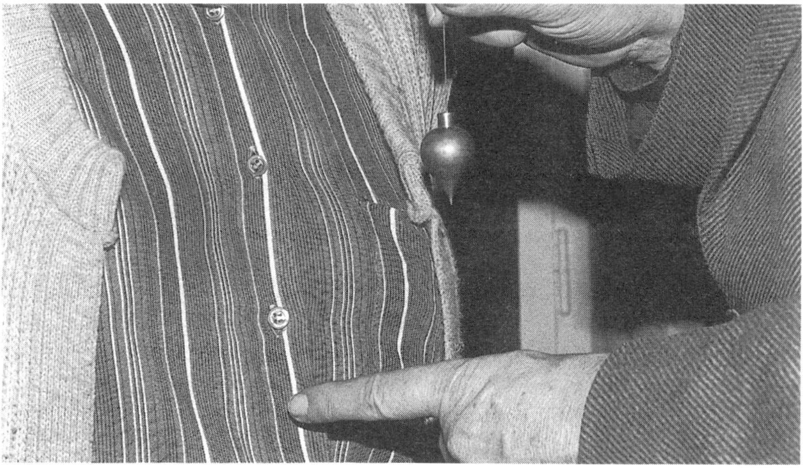

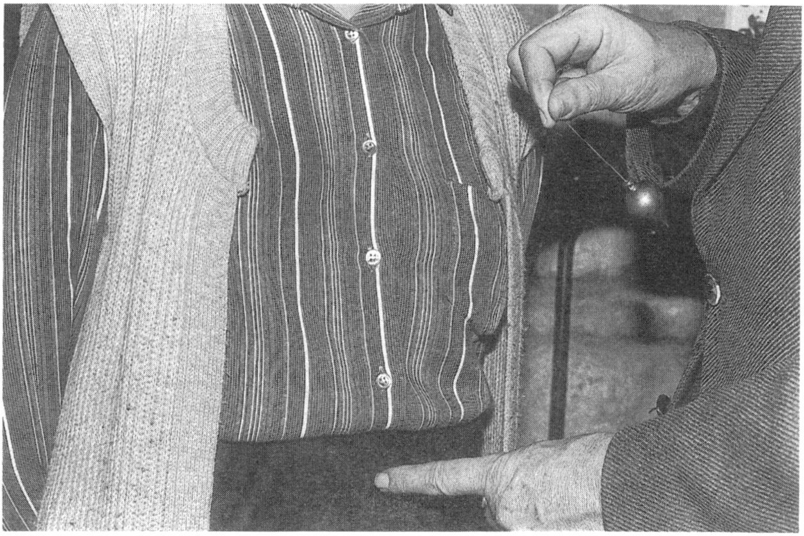

Fig. 21 et 22. Diagnostic au pendule.

baguette est notée sur la poitrine et une autre sur le rein droit, cela indiquera que ces organes sont malades *(Fig. 20)*.

Diagnostic au pendule

Pour établir un diagnostic médical, vous pouvez également, si vous le désirez, recourir au pendule *(Fig. 21)*. Le mode opératoire est exactement le même que pour la baguette. L'index de la main gauche se déplacera lentement à quelques centimètres du malade en explorant chaque partie du corps. Le pendule se mettra en mouvement sur chaque partie malade *(Fig. 22)*.

Diagnostic et thérapeutique

Si vous voulez réaliser un diagnostic médical plus complet et préconiser un traitement, vous devez utiliser les accessoires suivants : une planche ou des schémas anatomiques et une trousse-témoins contenant des échantillons microbiens (nosodes) et médicamenteux [1]. Vous pouvez remplacer ces accessoires par des listes de maladies avec leurs descriptions sommaires [2]. Nos photos montrent de quelle façon le radiesthésiste peut utiliser les planches anatomiques et la « trousse-témoins » (série de petits tubes en verre contenant des nosodes et des médicaments).

Prendre le pendule de la main droite, le tenir au-dessus de la main du consultant. Explorer avec l'index de la main gauche chaque partie de la planche anatomique en choisissant une convention mentale déterminée en rapport avec l'organe prospecté (*Exemple :* Lorsque l'index sera placé sur le cœur, formuler la convention suivante : « Mon pendule tournera si le cœur est malade. ») *(Fig. 23 et 24)*. Afin de déterminer si la maladie est microbienne, tenir dans la main droite, les uns après les autres, les différents tubes-témoins (microbes) *(Fig. 25)*.

Continuer les recherches en passant consciencieusement en revue tous les

1. Vous pouvez utiliser les planches anatomiques de certains ouvrages médicaux. Les trousses-témoins sont en vente dans les maisons spécialisées, mais il est possible d'en confectionner une soi-même avec des extraits de médicaments.

2. Lire, à ce sujet, notre ouvrage *Guide de la Radiesthésie* Stock.

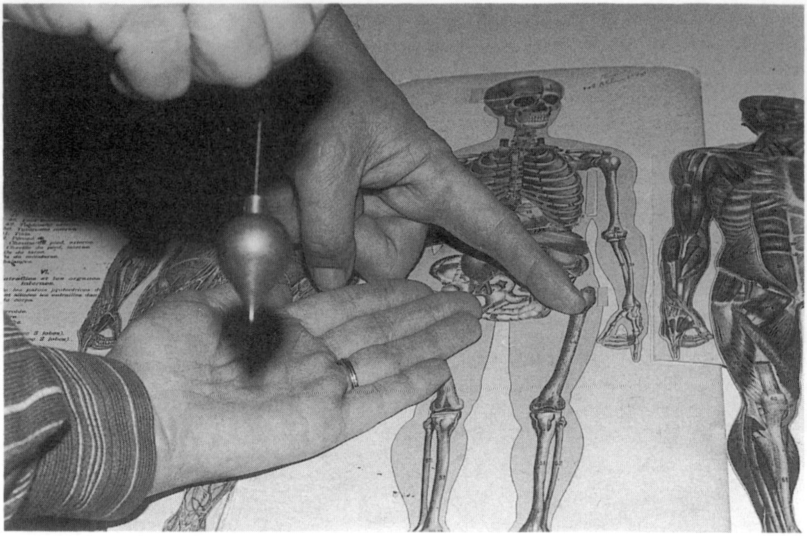

Fig. 23. Le pendule demeure immobile :
l'organe prospecté par l'index gauche est en bonne santé.

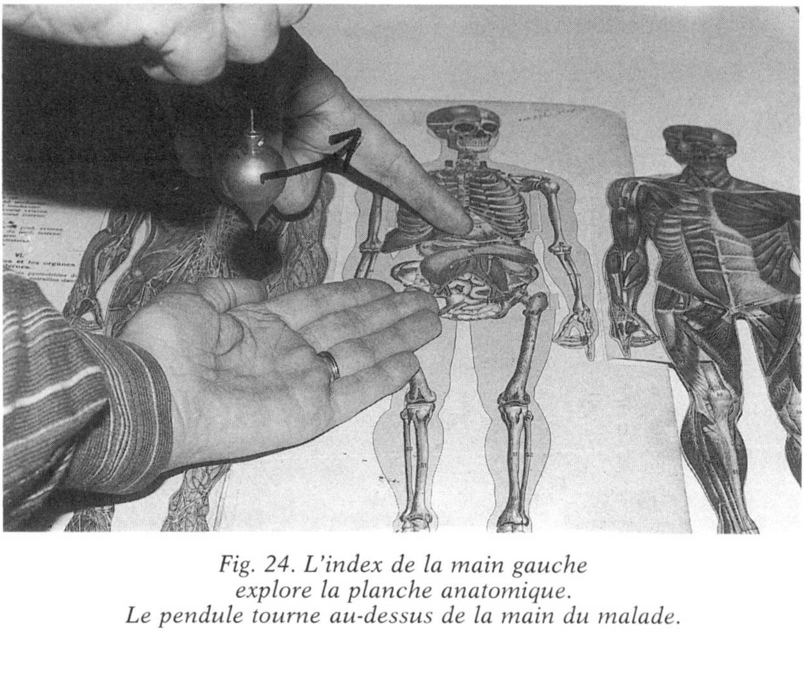

Fig. 24. L'index de la main gauche
explore la planche anatomique.
Le pendule tourne au-dessus de la main du malade.

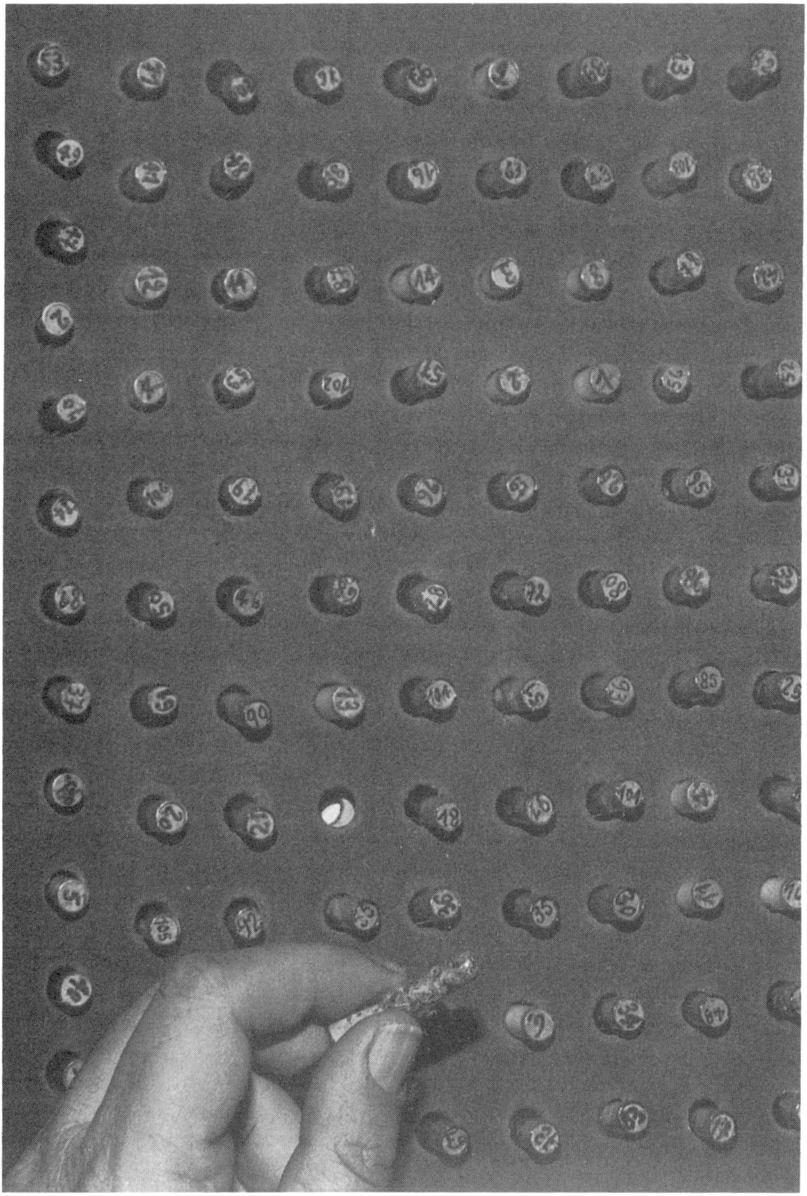

Fig. 25. Tubes-témoins.

organes. A la fin, un tableau précis de l'état du malade sera obtenu. C'est le moment de lui faire part des résultats afin de contrôler les expériences. Ne jamais oublier que vous devez poser une question sans avoir sa réponse présente à l'esprit, ce qui solliciterait le pendule dans ce sens et conduirait à des erreurs.

Pour un diagnostic à distance, le consultant est remplacé par un « témoin » de lui (mèche de cheveux, mouchoir, photo, etc.). Le radiesthésiste opère exactement comme

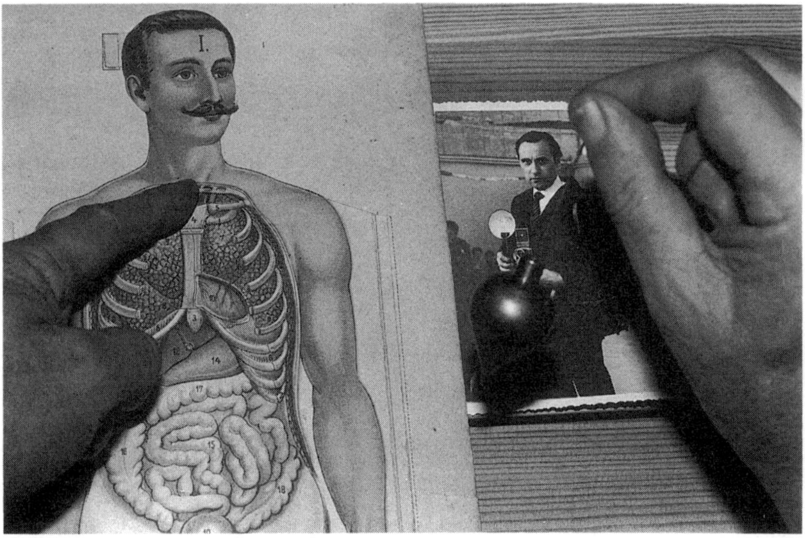

Fig. 26. Diagnostic à distance.

si le malade était présent. Sur la *figure 26*, la main du consultant a été remplacée par sa photo. Selon la convention mentale choisie, le pendule gire ou reste immobile au-dessus du témoin.

En ce qui concerne la thérapeutique, même mode opératoire que pour le diagnostic. Seule, la convention mentale changera (*Exemple :* « Si ce médicament est bon pour M. X... mon pendule tournera. »). Déterminer la posologie en utilisant toujours la convention mentale.

La radiesthésie peut vous aider à devenir votre propre guérisseur et celui de votre famille, mais n'oubliez jamais que vos connaissances médicales ne vous permettent pas de pratiquer régulièrement l'art médical dans tous les cas. Le diagnostic définitif et la thérapeutique caractérisée sont évidemment réservés aux seuls médecins diplômés. Dans tous les cas, le radiesthésiste amateur doit agir comme conseiller et jouer un rôle préventif.

Le régime au pendule

Avant chaque repas, vous pouvez établir votre régime au pendule : « Si mon pendule tourne sur cet aliment il sera bon. » *(Fig. 27)*.

Fig. 27.

Les couleurs favorables

Vous pouvez déterminer par radiesthésie les couleurs favorables. Un carton sur lequel les sept couleurs de l'arc-en-ciel sont peintes sera suffisant *(Fig. 28)*. Vous pouvez également opérer par téléradiesthésie en remplaçant la main du consultant par sa photo. Utilisez toujours le même processus mental *(Fig. 29)*.

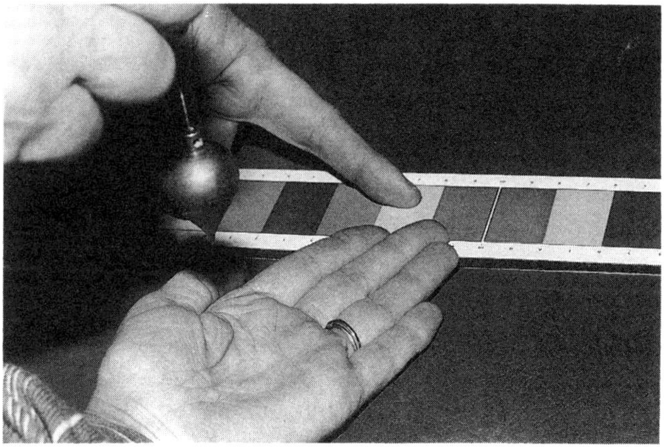

Fig. 28.

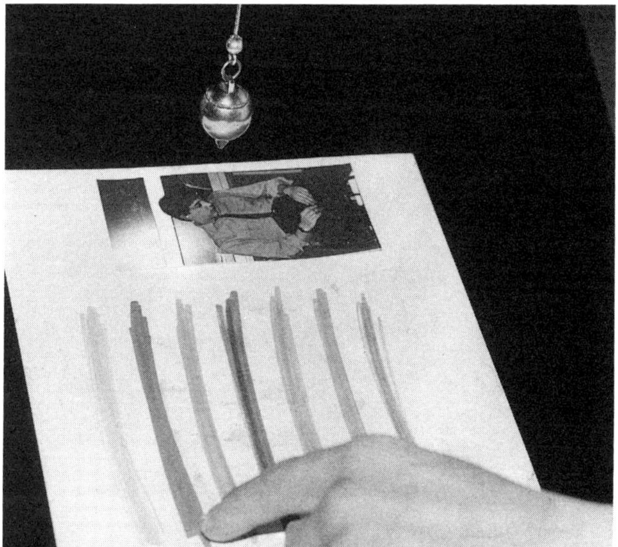

Fig. 29.

La téléradiesthésie

Expériences sur cartes

Pour rechercher à distance un objet, un animal, une personne de connaissance, une source, se munir d'une carte géographique ou d'un plan du lieu présumé. Orienter la pensée vers l'objet de la recherche en s'aidant d'un témoin quelconque ayant un rapport avec celle-ci.

Votre épouse a perdu son porte-monnaie habituellement rangé dans son sac à main ? Prendre le sac comme « témoin ». Penser au porte-monnaie en utilisant la convention mentale suivante : « Lorsque ma baguette sera à l'endroit où Mme X... a perdu son porte-monnaie, elle tournera. » Passer la baguette au-dessus du plan ou de la carte. Déterminer ainsi, approximativement, le lieu où le porte-monnaie a été perdu *(Fig. 30)*. Prendre ensuite le pendule pour préciser la recherche. Saisir un stylet

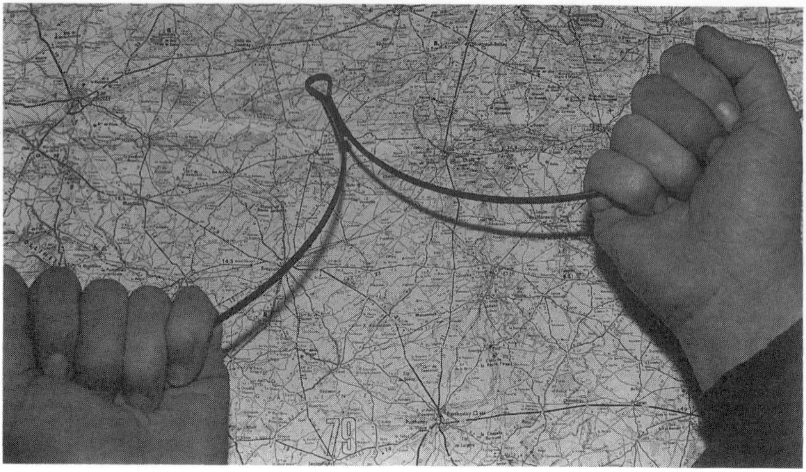

Fig. 30. Recherche d'un objet perdu.

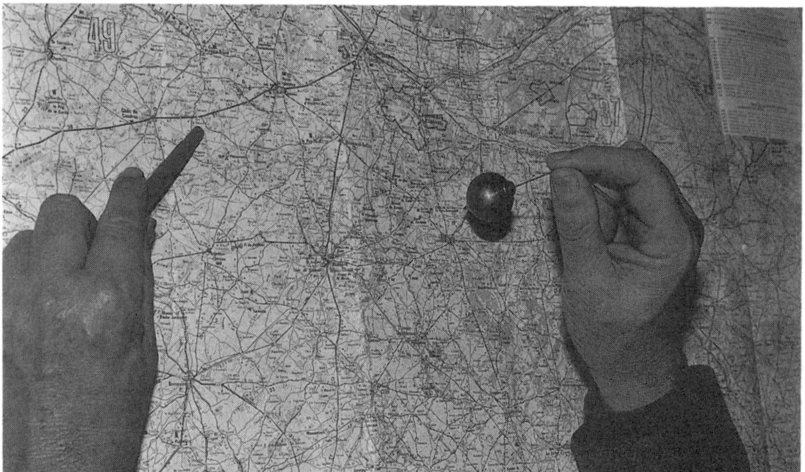

Fig. 31. Pour préciser la recherche, utiliser le pendule.

dans la main gauche, le déplacer lentement sur la carte *(Fig. 31)*. Utiliser toujours la même convention mentale lorsque la pointe du stylet sera à l'endroit précis où l'objet a été perdu, le pendule tournera.

Vous pouvez adapter ce procédé (télé-radiesthésie) à toutes sortes de recherches à distance.

Les ondes nocives

L'influence des ondes nocives

Il a été prouvé scientifiquement que des objets, des couleurs, des terrains peuvent émettre des sortes d'ondes qui sont nocives pour certains individus et même pour certaines choses. En réalité, la « nocivité » peut s'étendre à une très grande quantité de choses. Ces effets peuvent être décelés par la radiesthésie. Dans une maison, il est possible qu'une pièce soit placée au-dessus d'un courant dit nocif (courant d'eau, faille, etc.). Le radiesthésiste peut aisément le détecter en utilisant toujours le processus mental dont nous avons déjà expliqué la technique.

Une statuette peut dégager une influence nocive. Pour le savoir, posez la question mentalement à votre pendule. Vous pourrez éliminer cette influence nocive par un dessin protecteur approprié. Celui-ci peut-être réalisé avec le pendule.

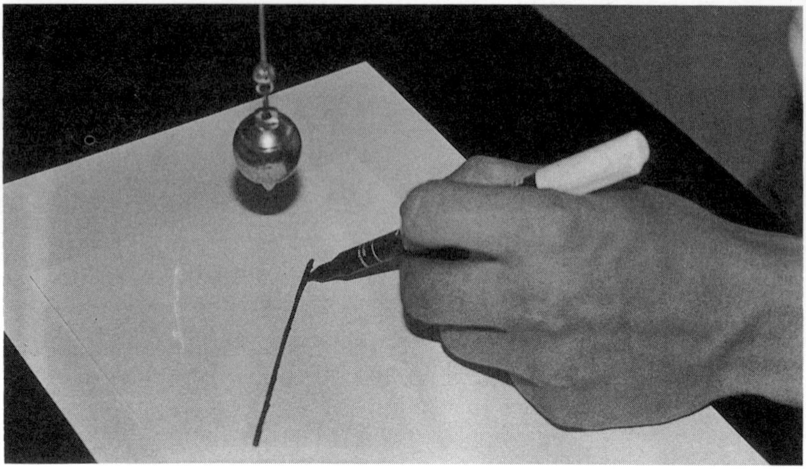

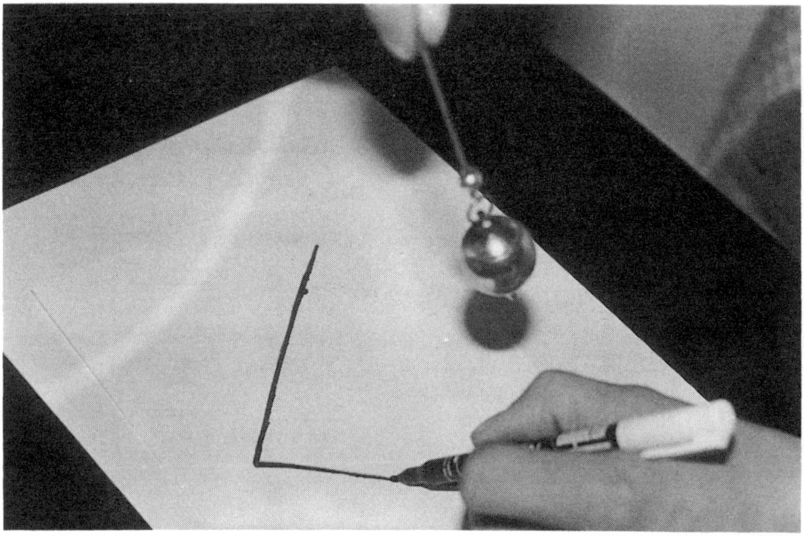

Fig. 32 et 33. Réalisation d'un dessin protecteur.

Fig. 34. Contrôle de la disparition de l'influence nocive.

Se munir d'un crayon et d'une feuille de papier, en désirant mentalement que le pendule indique un dessin pour neutraliser les influences nocives de la statuette. Le pendule oscillera dans un sens puis dans l'autre ; joindre ces lignes imaginaires avec le crayon *(Fig. 32 et 33)*. Un dessin protecteur sera obtenu ; le poser sous la statuette et contrôler au pendule que toute influence nocive a disparu *(Fig. 34)*.

La radiesthésie vétérinaire

Prospections médicales sur les animaux

Vous pouvez réaliser des prospections médicales sur les animaux.

Respecter le même processus mental que pour les recherches humaines *(voir, p.74)*. Dans notre exemple, la convention mentale est : « Mon pendule girera au-dessus des organes malades.»

Le pendule reste immobile, il n'y a pas de maladies sur cette partie de l'animal *(Fig. 35)*.

Le pendule gire sur la patte gauche du chat *(Fig. 36) ;* en application de la convention mentale choisie, la patte du chat est certainement malade. Par éliminations successives, vous déterminerez ensuite s'il s'agit d'un traumatisme, d'une arthrose, etc.

Fig. 35.

Fig. 36.

La radiesthésie
et
les pannes

Recherche d'une panne

Si votre moto, votre automobile ou un appareil quelconque est en panne, vous pouvez en rechercher la cause.

Au-dessus de la bougie de la moto le pendule reste immobile, la panne est donc ailleurs *(Fig. 37)*.

Le pendule gire au-dessus du tuyau d'arrivée d'essence *(Fig. 38)*. Ce tuyau est peut-être défectueux, il serait bon de le remplacer... et de contrôler si le pendule a dit vrai.

Fig. 37 et 38.

La recherche des sources

Expériences sur le terrain

Avant les expériences pratiques, vous devez éduquer votre subconscient en fonction de la recherche envisagée. Il est important de connaître les principaux éléments de la géologie afin de mieux comprendre la naissance et la circulation des courants d'eau souterrains. En possession de ces bases élémentaires, vous ferez quelques exercices d'entraînement sur le terrain.

Afin de mieux fixer l'esprit sur l'objet de la recherche, confectionner le « témoin » suivant. Remplir d'eau potable un petit tube en verre. Tenir ce tube dans une main en même temps que le pendule. Se placer au-dessus d'un puits déjà connu. Utiliser alors l'orientation et la convention mentales. Penser fortement à l'eau à l'exception de toute autre chose. Établir la convention mentale suivante : « Je désire que mon pen-

Fig. 39.

dule tourne au-dessus du courant d'eau. » Après quelques secondes d'attention, le pendule réagira.

Renouveler la même expérience à quelques mètres du courant d'eau avec la baguette. S'il n'existe aucun courant à l'aplomb choisi, la baguette restera immobile *(Fig. 39)*. Si ces expériences sont réussies, les réactions de la baguette lorsque le courant existe, seront enregistrées *(Fig. 40)*. Dans des cas semblables, les mêmes réaction seront toujours obtenus.

Lorsque la présence d'un courant d'eau souterrain sera détecté, il faudra trouver sa profondeur. Cette recherche sera plus pratique à l'aide du pendule (la baguette ayant servi à déterminer l'emplacement du courant). Orienter la pensée vers la recherche de l'eau (le témoin en main), et formuler la convention suivante : « Chaque tour de mon pendule équivaut à un mètre de profondeur. » (Déterminer mentalement dans quel sens le pendule doit tourner.) Cette sorte de comptabilité radiesthésique est une application de l'orientation et de la convention mentales. Elle donnera la profondeur de l'eau. La même opération peut permettre d'établir le débit de l'eau. Le débutant sera peut-être dérouté au début,

Fig. 40.

ne sachant pas à partir de quel moment il doit compter les girations, et à quel moment elles s'arrêtent. Il devra se souvenir que les girations doivent être comptées à partir du moment précis où il décide conventionnellement du départ et de l'arrêt. Si l'arrêt n'est pas net, il faut compter à partir de l'instant où le pendule n'a plus de girations franches *(Fig. 41)*.

Au début, faire cet exercice sur des profondeurs connues. Opérer ensuite sur des puits dont la profondeur est ignorée, cette profondeur étant néanmoins connue par des tiers. Contrôler les résultats en les comparant à la réalité.

Recherches sur inconnu

Les conseils que nous donnons ci-dessous serviront pour la recherche d'un courant d'eau dans un terrain quelconque. La façon d'opérer est toujours la même. Afin d'éviter une prospection totale du terrain, chercher à la baguette ou au pendule (par convention mentale) la direction du courant souterrain le plus important. La

Fig. 41. Recherche de la profondeur avec le pendule.

baguette réagira dans la direction de ce courant. Déterminer la distance qui vous sépare de celui-ci en utilisant le même procédé que celui qui a été utilisé pour la recherche de profondeur.

Si, dans une propriété, plusieurs points d'eau sont trouvés, déterminer par convention mentale celui qui est le plus important.

Le processus de cette recherche peut s'appliquer aux objets perdus, à la détection des minerais, des ondes nocives du sous-sol, etc.

Table des recherches radiesthésiques

Cette table permettra à l'apprenti radiesthésiste de trouver rapidement en suivant l'ordre alphabétique, les pages des commentaires et des photographies correspondant aux recherches envisagées.

Nous avons groupé par ordre de similitude des recherches dont le processus est identique. Par exemple, la détection d'un souterrain étant semblable à celle d'un courant d'eau, nous indiquons dans cette table les pages des commentaires et des photographies relatives à cette dernière recherche ; seul l'objet de la recherche diffère, la méthode utilisée étant la même. *Il est évident que pour chaque recherche le radiesthésiste utilisera une orientation, une convention mentale et un « témoin » approprié* [1].

1. Pour la radiesthésie psychologique ou abstraite on utilisera toujours l'orientation et la convention mentale. Ex. : « Si M. X... est gourmand mon pendule tournera. » Le témoin « gourmandise » n'existe pas mais l'orientation de la pensée est suffisante.

Si, par exemple, un radiesthésiste veut détecter le terrain le plus propice à la croissance d'une espèce de graine déterminée, il prendra en qualité de « témoin », quelques-unes de ces graines. Le processus de la recherche sera le même que celui utilisé pour les courants d'eau. Lorsqu'il est impossible de se procurer un témoin réel, on y supplée par l'orientation mentale (en se figurant mentalement l'objet de la recherche).

1. Pour la radiesthésie psychologique ou abstraite, nous prions nos lecteurs de se reporter à la partie de cet ouvrage expliquant la technique de l'orientation et de la convention mentale.

ADRESSES UTILES

- Vente de livres, pendules, baguettes, accessoires :
  Maison de la Radiesthésie, 16, rue Saint-Roch, 75001 Paris.
- Syndicat National des Radiesthésistes, 65, rue Sainte-Anne, 75002 Paris.

Table des matières

LES PRESSES DU VILLAGE

Josèphe Roussel-Lépine : *Les champs de l'Ourcq.*
Théophile Lhuillier : *Histoire de l'enseignement primaire dans la Brie.*
F.-A. Denis : *Lectures sur l'histoire de l'agriculture en Seine-et-Marne.*
Henry Massoul : *Au bon vieux temps.*
Victor Cherbuliez : *La ferme du Choquard,* roman.
Christian de Bartillat : *Les flammes de la Saint-Jean,* roman, Prix Valéry Larbaud.
Georges Chaudieu : *Au temps des charrues.*
Daniel Bretonnet : *Moret, flâneries dans les siècles.*
Bergers de Brie, sorciers de Brie, avec la collaboration de Marc Rousseaux.
Christian de Bartillat : *La Brie qui rêve,* contes et légendes.
Médéric Charot : *Romans paysans (La chanson du berger* suivi de *Jacques Dumont).*
Christian de Bartillat : *Au village de Brie.* Prix de la Société des gens de Lettres.
René-Jacques Lovy : *Les origines de la réforme française. Meaux 1518-1546.*
Guide des champs de bataille de la Marne (septembre 1914).
Marc Rousseaux : *La dernière carotte.*
Pierre Androuet et Yves Chabot : *Le Brie, fromage des Rois, Rois des fromages.* Prix de la Critique Gastronomique.
Georges Gassies : *Le pont et les moulins de Meaux.*
André Billy : *Les beaux jours de Barbizon.*
Christian de Bartillat : *La Brie qui pense.*
Robert Barrier : *Crépy-en-Valois.*
Émile Mireaux : *Une province française au temps du grand roi : La Brie.*
Robert Barrier : *Crépy-en-Valois. II.*
Philippe Barrier : *Le légendaire du Valois.*
Michel Vincent : *Maisons de Brie et d'Ile-de-France.*

ACHEVÉ D'IMPRIMER
LE 3 OCTOBRE 1988
SUR LES PRESSES DE
L'IMPRIMERIE HÉRISSEY
À ÉVREUX (EURE)
POUR LE COMPTE DE
CHRISTIAN DE BARTILLAT, ÉDITEUR
1 *bis,* VALLÉE DE L'ÉGLISE
77139 ÉTRÉPILLY

Imprimé en France
N° d'imprimeur : 45816
N° d'éditeur : 41
Dépôt légal : octobre 1988
ISBN 2-905563-59-1